Hoe schoon is jouw huis?

Hoe schoon is jouw huis?

TIPS VOOR SUPERSOPGENOT

Marja & Liny

TIRION

Liny over Marja:
'Marja is gek op knusse hoek-jes... en heel veel prulletjes.'

Marja over Liny:
'Mijn moeder is de grootste sopster van Nederland.'

Dit boek is gepubliceerd door
Tirion Uitgevers BV
Postbus 309
3740 AH Baarn
www.tirionuitgevers.nl

Omslagontwerp
Hans Britsemmer

Omslagfoto
Ton Kastermans Fotografie B.V.

Vormgeving binnenwerk
Aperta, Jan Johan ter Poorten

Foto's binnenwerk
Foto Focus, Jack Tillmanns

Redactionele begeleiding
Ilona Brinkman

Met dank aan
Artist Affairs bv, Amsterdam, www.artistaffairs.nl
Amvest, voor het ter beschikking stellen van een modelwoning als fotolocatie
Nijhof, Baarn, voor het ter beschikking stellen van schoonmaakmaterialen
Blue Circle, voor het ter beschikking stellen van rekwisieten

ISBN 90.4390.793.6 NUR 450

HOE SCHOON IS JOUW HUIS?

Let op dat je de gebruiksaanwijzing van de schoonmaakproducten leest voor je aan de slag gaat. Sommige producten mogen absoluut niet samen gebruikt worden. Ook kun je allergisch zijn of worden voor bepaalde producten. Test ze uit op een plekje van je huid dat niet in het oog loopt. De producten en adviezen die in dit boek staan kunnen misschien wel eens minder of anders werken wanneer jij ze uitprobeert. Succes kan niet worden gegarandeerd en voor schade in welke vorm dan ook kunnen de uitgever en de auteurs niet aansprakelijk worden gesteld.

Inhoud

Voorwoord	19
Marja & Liny	23
Nieuwe formule!	29
Supershoplijst	31
Opgeruimd staat netjes	35
Klaar voor de start	37
Elke dag	45
Elke week	49
Elke maand	55
Grote voorjaarsschoonmaak	59
Supersopgenot	65
Zolder of kelder	67
De slaapkamer	69
De badkamer	81

Overloop en trap 105

De woonkamer 109

De keuken 131

Het toilet 149

De hal 153

Nog meer sopgenot? 159

Vlekkenwijzer 165

En... hoe schoon is jouw huis? 171

Mijn eigen tips 172

Register 175

Schoon in je huis, schoon in je hoofd!

VOORWOORD

Voorwoord

Het programma 'Hoe schoon is jouw huis?' is op ons pad gekomen en heeft gaandeweg onze kijk op mensen en 'troep' veranderd. Het heeft een dieper gevoel in ons wakker gemaakt. We hebben dus ook echt ons eigen spiegeltje voorgehouden gekregen. Ach, ach, wat ben je toch snel geneigd een ander te veroordelen, zomaar, zonder te weten wat er nu écht met je medemens aan de hand is.

Gelukkig zijn wij daarin erg veranderd. Alle mensen bij wie wij in de serie langs geweest zijn, hebben ieder op hun eigen manier een plekje in ons hartje gekregen en dát beeld blijft levendig. De troep vervaagt van je netvlies als je in gelukkige, dankbare ogen kijkt. Mensen, kinderen die weer moed hebben, toekomst zien, een frisse start maken! Echt super! Het programma heeft ons zeker tot meer dankbare mensen gemaakt en schoonmaken is (bijna) onze grootste hobby geworden.

Wij hopen oprecht dat u, jij, lezer evenveel plezier zal krijgen in het soppen als wij hebben gehad met het schrijven van dit boek. En ken je iemand in je omgeving die het even niet goed aankan, geef je hand, je hart, een positieve kijk, koffie en taart en gaan met die soplap! Een ander helpen geeft een heerlijk voldaan gevoel; probeer het maar eens! Veel succes en nu aan de slag!

Marja & Liny

HOE SCHOON IS JOUW HUIS?

MARJA & LINY

Liny:
'Marja, ben je nú al klaar?'

Marja & Liny

Als poetsdiva's toeren ze door het land. Allebei even chic als spic en span. Sopsterren noemen ze zich.

Liny van Oyen, twee zonen en een dochter, is 72. Elke morgen gaan de rollers in het haar en zorgt ze voor een absoluut fashionable uiterlijk. Dat komt niet door de kapsalon die ze 28 jaar had, maar dat zit in de genen. En dochter Marja heeft dat allemaal geërfd.
Marja Middeldorp, één zoon, is 49. 'Ik ben ontzettend trots op mijn moeder en houd vreselijk veel van haar.'
Die innige band begon in Marja's puberteit. In die periode zijn er dingen die je liever alleen met je moeder bespreekt. Dat hechte is gebleven. Maar moederdag hoeft niet van Liny: zo'n commerciële feestdag. En waarom zou ze, Marja belt haar elke dag.

Liny heeft jarenlang in de makelaardij gewerkt. En een pand moet blinkend schoon zijn wil je het goed kunnen verkopen. Zo komt het dat Liny een groot deel van haar leven huizen heeft schoongemaakt die in de verkoop zijn. Ze had daar talent voor en ze heeft dat schoonmaken bijna tot een kunst verheven. Ze weet wat je het beste kunt gebruiken om de kleine beestjes te verdelgen, hoe het huis niet alleen gewoon schoon wordt, maar blinkend schoon en vrij van stiekeme kruipertjes of onverwachte springers.

Marja is iets minder van dat actieve, zij is meer de analyticus, zij wil weten wat zich openbaart als je huisvuil ontrafelt en onder de micro-

scoop legt. Welke enge ziektes er op de loer kunnen liggen in de hoeken en gaten van een verloederd pand.
De dames sopsterren zijn ontdekt op een consumentenbeurs, waar ze Marja's apparaatje om pillen en haren van kleding te verwijderen probeerden te verkopen. Dat was een harde tijd. Nu zijn moeder en dochter de bekendste en zonder twijfel charmantste schoonmaaksters van ons land. Anderhalf miljoen kijkers volgen Liny en Marja in het programma 'Hoe schoon is jouw huis?' wanneer ze deuren openen die soms jaren dicht zijn geweest. Met hun welgemanicuurde handen en felrood gelakte nagels verpakt in sierlijke rubber huishoudhandschoenen verwijderen ze de vieze verrassingen uit smerige huizen.
In hun gevecht tegen rotzooi, schimmels, ongedierte en bacteriën blijven ze zichzelf. Tijdens het soppen kletsen ze zoals ze altijd samen doen, over het werk, het leven, over alles. Daarom straalt hun programma gezelligheid uit. Ze hebben plezier en lachen om de rommel die ze tegenkomen.

Hebben zij geen hekel aan schoonmaken?
Nou, echt leuk vindt Marja het niet, maar het hoort erbij. En door hun ervaring hebben de populaire sopsters veel handige en nuttige tips om te zorgen dat je huis er schoon en gezellig uitziet.

Marja:
'Heb je mama weer hoor.'

HOE SCHOON IS JOUW HUIS?

NIEUWE FORMULE!

Nieuwe formule!

Laat jij je ook verleiden tot het kopen van allerlei schoonmaakproducten waarmee je je huis 'nu nog hygiënischer schoon' kunt krijgen? En staan al die flessen vervolgens onaangeroerd weg te kwijnen in je keukenkastje?

Nergens voor nodig! Wist je dat je niet meer dan een paar basisproducten nodig hebt om je hele huis brandschoon te krijgen?
Hier volgt het boodschappenlijstje met de schoonmaakspullen die wij altijd gebruiken.

HOE SCHOON IS JOUW HUIS?

SUPERSHOPLIJST

De supershoplijst van Marja & Liny

Ammonia
Spiritus
Schoonmaakazijn
Dikbleek
Soda
Biologisch wasmiddel
Afwasmiddel
Koperpoets
Zilverpoets
Allesreiniger
Lampolie
Teakolie
Witte boenwas
Gele boenwas
Cola
Vaatdoeken
Plumeau
Schuursponsje
Spons
Zeem
Trekker
Dweil
Oude sokken
Oude kleding
Tandenborstel
Verfkwast
Keukenrol
Plantenspuit
Vuilniszakken
Indien nodig: leesbril

Deuren en ramen open, hier komen we aan!

HOE SCHOON IS JOUW HUIS?

OPGERUIMD STAAT NETJES

Opgeruimd staat netjes

Je bent al een heel eind op weg als je de dingen, elke keer nadat je ze hebt gebruikt, opruimt. Neem op weg naar een andere kamer rondslingerende spullen mee en breng ze terug naar de plek waar ze horen. Opgeruimd staat netjes.

Zet een mandje bij de trap, dan hoef je niet steeds onnodig naar boven en naar beneden. Maak er een gewoonte van even snel op te ruimen voordat je naar bed gaat. Bekers, glazen, asbakken, papieren en post: opruimen! Geef de kussens in het voorbijgaan een knal en alles ziet er netjes uit als je wakker wordt. Wie wil de dag nou beginnen in de troep van gisteren?

Puilen jouw kasten en laden zo uit dat je geen bergruimte meer over hebt, dan is het de hoogste tijd om eens flink op te ruimen. Gooi alles weg wat je niet meer nodig hebt.

Een georganiseerd huishouden houd je makkelijker netjes dan een chaotisch huishouden. Is de rommel opgeruimd, dan kun je je huis makkelijker fris en schoon houden.

KLAAR VOOR DE START

Klaar voor de start

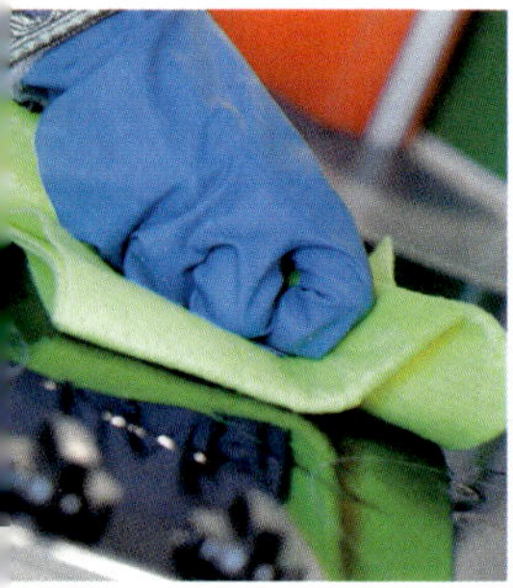

Sommigen kunnen niet stoppen voor ze ook het allerlaatste kleine klusje hebben gedaan, anderen weten niet eens waar ze moeten beginnen, of hóé ze moeten beginnen. Ze bedenken allemaal smoesjes waarom ze geen tijd hebben om iets in huis te doen.

Het is zo makkelijk: een snelle veeg hier en daar met de plumeau of een stofdoek terwijl je er langs loopt – dan wordt je huis geen stofnest. Houd je wasgoed bij, breng orde in je keuken na iedere maaltijd, maak een snel rondje met de stofzuiger in iedere kamer, en je huis blijft aangenaam en gezellig.

Schoonmaken hoeft helemaal niet vervelend te zijn, maak het gezellig voor jezelf. Doe makkelijke kleding aan, zet lekkere muziek op. Neem regelmatig iets te drinken, dat is belangrijker dan je denkt: je wordt dan namelijk minder snel moe. Zorg ook voor iets lekkers. Zo nu en dan iets snoepen houdt je energie op peil.

Alles gezellig om je heen? Handschoentjes aan?
Dan ben je klaar voor de start. Het kost wel enige discipline, maar uiteindelijk heb je er profijt van.

Heel veel sopsucces en in gedachten soppen wij met jullie mee.

In gedachten soppen wij met jullie mee!

Liny:
'Zeg Marja, je drinkt toch wel genoeg?'

Marja:
'Maak je daar maar geen zorgen om, mam!'

Tip 1: Erg belangrijk! Voor het maken van een goed sopje neem je eerst warm water en dan pas de vloeistof, en niet te veel (1 dopje allesreiniger op 1 emmer is genoeg). Te veel is te vet, dus niet schoon en laat vettige aanslag achter. Voeg altijd een klein beetje ammonia toe aan je sopje. Dit ontvet.

Tip 2: Af en toe even ontspannen is erg belangrijk!

CAUTION
WET FLOOR
OPGEPAST
NATTE VLOER
CAUTION
WET FLOOR
OPGEPAST
NATTE VLOER

ELKE DAG

Elke dag

Maak er een gewoonte van dagelijks kleine karweitjes te doen, dan merk je niet eens meer dat het eigenlijk met schoonmaken te maken heeft. Een paar minuutjes dit en een paar seconden dat. Och, heb je je daar zo druk over gemaakt?

1 Zodra je bent opgestaan zwiep je de dekens of je dekbed terug om te luchten bij het open raam. Dat is goed tegen het uitgewasemde vocht. De huismijt houdt er ook niet van! In de tussentijd kun jij douchen en je ontbijtje nemen.

2 Laat de keuken niet verslonzen. Was af na elke maaltijd en houd het aanrecht en andere werkbladen schoon.

3 Tafelkleden en theedoeken dagelijks verschonen/verwisselen.

4 Pak even de stofzuiger of haal een dweil over de keukenvloer. Dat is in een wip gedaan. Lekker fris toch!

5 Zorg voor een schone gootsteen en schone handdoeken in de keuken.

6 Houd het toilet nauwgezet bij. Dit onderdeel in huis moet altijd zorgvuldig schoongehouden worden. Dat is echt heel belangrijk.

MEERGRANEN
Inhoud/kg
2 stk
Albert Heijn

7 Zet dingen altijd terug op hun plaats. Maak er geen rommeltje van. Is het eenmaal een gewoonte, dan merk je niet meer dat je het doet. Heerlijk dat je altijd alles terug kunt vinden.

8 Hang of leg de droge was netjes weg om alles makkelijker te kunnen strijken. Waarom zou je eerst extra kreukels maken en later twee keer zo hard je best moeten doen om ze eruit te strijken?

Liny:
Waar zullen we beginnen?

ELKE WEEK

Marja:
'Als Liny mijn moeder niet was, dan zou ik d'r kopen!'

Liny:
'Heb je zoveel centjes dan?'

Elke week

Natuurlijk hoef je niet door te draven. Het moet leuk blijven voor jezelf. Je hoeft niet alle wekelijkse klussen in één dag te proppen. Neem een paar weekklussen mee tijdens je dagelijkse routine en de berg is meteen minder hoog.

1. Verschoon je beddengoed (als het erg warm is het liefst twee keer per week).

2. Verschoon twee of drie keer per week de handdoeken in de badkamer.

3. Kleden en vloer zuigen.

4. Alle harde vloeren dweilen.

5. Alle oppervlakken afstoffen. Ben je te druk, dan kan dat onderdeel soms wel even wachten.

6. Verwijder vingers van deurklinken en lichtknopjes. Neem de trapleuning af als je naar boven gaat. Doe dat op je ronde door het huis. Het kost je maar een paar minuutjes en je veegt zo toch al veel bacteriën weg. Brrr, hoe snel komen die overal in en op. Weg ermee!

7 Neem de badkamer flink onder handen. Toilet, douche, bad, tegels, tandenborstelhouder, spiegels en vloer. Geef jezelf een knipoog in die blinkende spiegel.

8 Denk aan de hoeken en gaatjes in de keuken waar je niet elke dag bij komt, zoals de deurtjes van de kastjes, de magnetron, oven, vriezer, achter de dienbladen en het koffiezetapparaat. Lap de keukenramen en desinfecteer de afvalbakken.

9 Was strijken.

Tip: Ga eens een ochtendje als vriendinnen bij elkaar schoonmaken in plaats van koffieleuten. Dat is een stuk gezelliger en je huis knapt er ook nog eens van op!

ELKE MAAND

Elke maand

Er zijn van die klussen die je elke maand moet doen. Extra dingen die niet elke dag of week hoeven, maar die toch af en toe moeten gebeuren.

1. Ramen zemen, van buiten en van binnen.

2. Matrasovertrek en onderkussensloop wassen.

3. Matras omkeren.

4. Kijk in alle laatjes en kasten of er misschien iets weggedaan kan worden.

5. Pak de stofzuiger om plekjes te zuigen waar je gewoonlijk niet aan toe komt, zoals achter de gordijnen en onder het bed. Haal spinnenwebben weg uit moeilijk bereikbare hoekjes.

Tip: Bind om de rand van de stofzuigermond een oude panty. Dit trekt extra stof aan.

Marja:

Zo, dat knapt lekker op!

HOE SCHOON IS JOUW HUIS?

GROTE VOORJAARSSCHOONMAAK

Grote voorjaars-schoonmaak

Het is echt niet ouderwets om je huis in het voorjaar een grote beurt te geven. Je krijgt vanzelf de kriebels en de meesten ontkomen er daardoor niet aan om eens flink tekeer te gaan met sop en alles wat je verder nodig hebt voor een schoonmaakbeurt. Vroeger hielpen buurvrouwen elkaar om de zware kleden naar buiten te slepen en uit te kloppen. Vaak lieten ze die kleden een nachtje buiten hangen. En sommigen haalden alle linnengoed uit de kast om het extra te wassen en in de maneschijn te laten drogen en opbleken.

Dat doen wij niet. Wij maken er een feestje van.

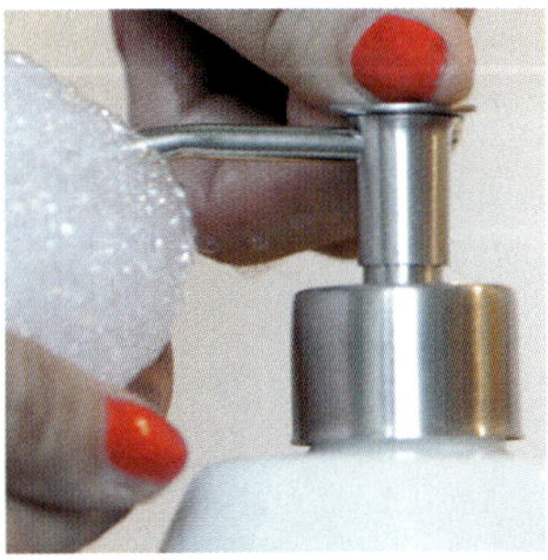

Ramen en deuren open, onze lievelingsmuziek aan en we zetten lekkere dingetjes klaar voor de uitpufmomenten. Niet te lang bellen met je vriendin om te vertellen hoe lekker je bezig bent! Trek makkelijke kleren aan, gebruik huishoudhandschoenen, en vergeet jezelf niet op te tutten, want stel dat er iemand aanbelt of dat je jezelf in de spiegel ziet. Kamer voor kamer en kast voor kast leeghalen en alles schoonmaken wat je verplaatst hebt. Door de open ramen vliegt de muffe winterlucht eruit en tegelijk stroomt de frisse geurige lentelucht naar binnen.

Wees eerlijk, een schoon huis voelt lekker.

1. Was dekens, dekbedden en kussens, of laat ze reinigen.

2. Berg je winterkleding en wat je voorlopig niet nodig hebt – schoon – weg en hang je zomergarderobe in de kast. Vergeet de accessoires zoals sjaals, tassen en zonnehoeden niet.

3. Heb je een kledingstuk twee jaar niet gedragen? Weg ermee. Er is altijd wel een goed doel te bedenken.

4. Plafonds, muren en vloeren reinigen.

5. Boeken, cd's, video's en de planken waarop ze staan stofvrij en schoon maken.

6. Vergeet niet de onderkant van meubels en kasten en de elektrische apparatuur... wat een stof kan zich daar ophopen!

Liny:
Goed zo! Nu nog even volhouden!

7 Geef de kleden, de vloerbedekking en de meubelstoffering een shampoobeurt.

8 Doe gordijnen en spreien in de wasmachine of laat ze chemisch reinigen.

9 Speur in de garage, de kelder, de schuur, op zolder en in alle kasten. Dat zijn immers de plekken waar we alles maar dumpen waar we geen raad mee weten. Moet dat allemaal bewaard worden? Wees eerlijk en maak ruimte.

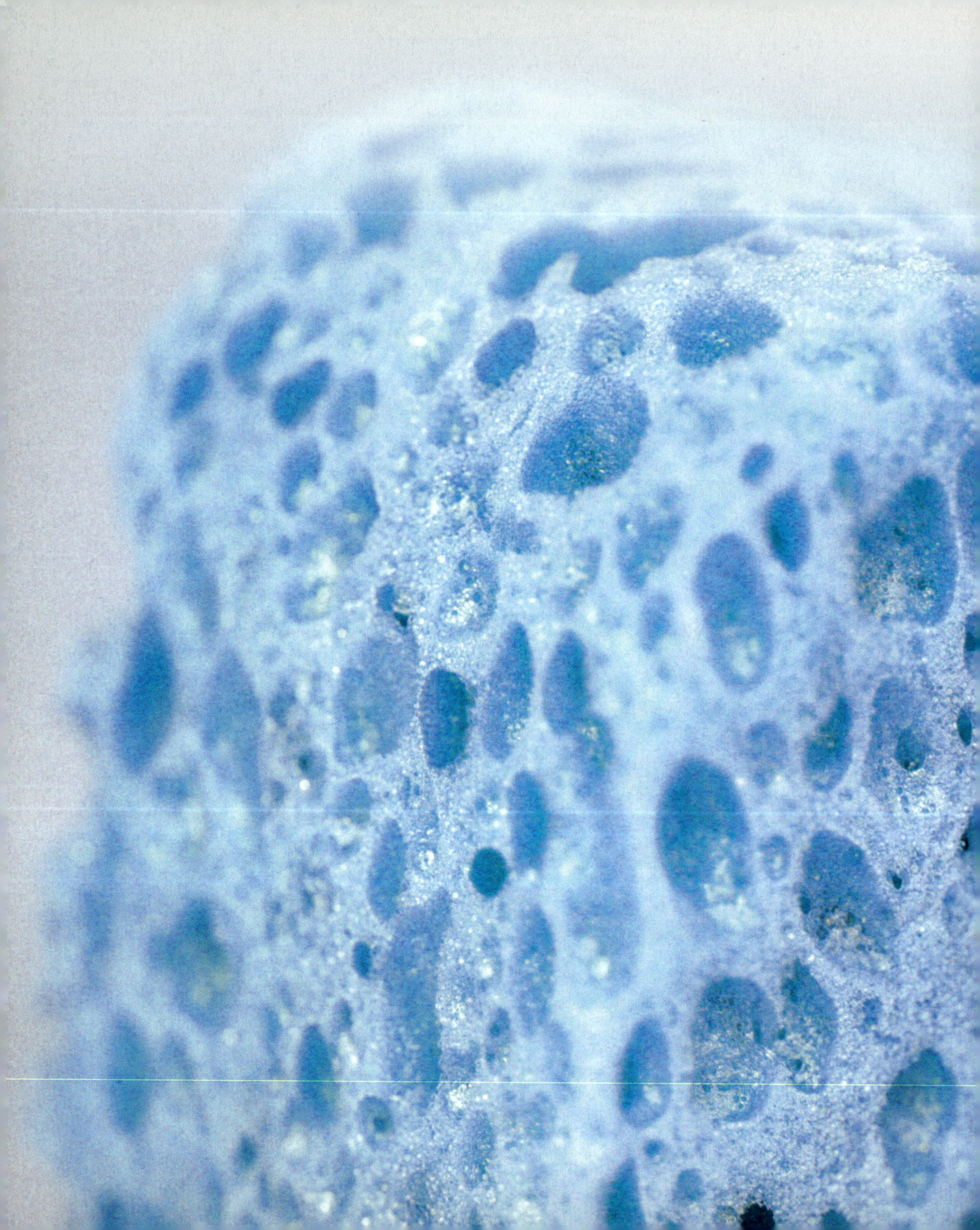

HOE SCHOON IS JOUW HUIS?

SUPERSOPGENOT

Supersopgenot

Nu je weet wat de dagelijkse, wekelijkse, maandelijkse en jaarlijkse poetsroutines zijn, gaan we alle vertrekken van je huis met je onder de loep nemen. We gaan uit van de meest grondige reiniging.

Twee vuistregels:

1. Werk de vertrekken in je huis van boven naar beneden af. Begin op de bovenste verdieping en eindig op de begane grond.
2. Werk binnen elk vertrek altijd van boven naar beneden en van buiten naar binnen.

Oké, we beginnen dus op zolder en eindigen beneden in de hal. Soppen maar!

Marja:
Ja, ook in de hoekjes hè!

HOE SCHOON IS JOUW HUIS?

ZOLDER OF KELDER

Zolder of kelder

Nee, je moet beslist niet elke maand de zolder op of de kelder in, maar je mag die plekken niet vergeten. Wat zich daar kan ophopen aan stof en viezigheid, dat wil je echt niet weten. Maak er daarom zo nu en dan even een uurtje voor vrij. De televisie is niet altijd interessant, en je nagels kun je morgen ook doen, snel de handschoentjes aan en kijk eens wat je in die uithoek van je huis kunt doen.

Alles wat langer dan een jaar op zolder staat: weggeven of weggooien. Wees niet sentimenteel, je had er een jaar lang toch al niets aan. Tenzij het persoonlijke herinneringen of je dure Rembrandts zijn: gooi het weg. Over twee dagen ben je al vergeten dat je het had.
Voor de kelder en de zolder geldt precies hetzelfde als voor elke andere ruimte in huis: goed ventileren!

Tip: als je op je knieën werkt, gebruik dan kniebeschermers of een commodematrasje.

HOE SCHOON IS JOUW HUIS?

DE SLAAPKAMER

De slaapkamer

Stof is het grootste probleem in de slaapkamer. Gooi de ramen open en haal de bedden elke morgen af. Zorg voor zo min mogelijk troep onder je bed. Ventileren is superbelangrijk in de slaapkamer! Huismijt, die vieze kleine beestjes, zijn gek op broeierige, vochtige, warme ruimtes. Elk mens transpireert een halve liter water per nacht, dus ga maar na... brrr!

Haal de gordijnen en alles wat aan de muur hangt weg. Afborstelen of schoonmaken en lekker buiten laten luchten. Terwijl de gordijnen buiten hangen, kun jij schoonmaken.

De slaapkamer is nu leeg!

Pak de stofzuiger en een plumeau. We gaan het plafond en de muren afstoffen en daarna stofzuigen we de matras.

Heb je kasten in je slaapkamer en is je matras schoon gestofzuigd?
Leg dan de inhoud van je kast op je schone bed. Kast voor kast!
Zoek uit wat nog goed is en wat je nog draagt. Anders geef je het weg of breng je het naar de zolder. Lege kasten goed uitsoppen en heel goed droogwrijven. Losse planken van de plaats halen en ook in die vergeten hoekjes soppen.
Je kast is nu helemaal schoon en je kunt hem weer opnieuw indelen.
Kleertjes weg, kastje dicht!

Nu de vloer!

De vloer eerst stofzuigen en daarna eventueel nog dweilen.
Nu kan het bed opgemaakt worden... Dat ziet er al goed uit!
Voor een heerlijke nachtrust leg je een zakje lavendel op je kussen.
Slaap lekker!

Tip: Zet geen verwarming op je slaapkamer aan, slaap met een raam of deur open.

Tip: Plantjes en bloemen staan wel heel gezellig op de slaapkamer, maar ze onttrekken zuurstof aan de kamer. Voor het slapen gaan kun je ze dus beter even op de gang zetten.

Tip: Houd het leeg onder je bed voor een optimale ventilatie.

Tip: Eens per twee weken je matras omdraaien in zowel de lengte als de breedte. Dit zorgt ervoor dat je matras zich weer in zijn originele vorm kan herstellen.

Tip: Is je matras niet helemaal schoon meer? Besprenkel hem met sodakorrels en laat het een halfuurtje intrekken. Vocht en luchtjes verdwijnen in de soda. Daarna gewoon opzuigen en je matras ruikt weer heerlijk fris!

TIPS!

Tip: Om je matras te beschermen leg je onder het gewone matrasovertrek als extra een molton deken.

Tip: Om gele zweetplekken en nare geurtjes in je hoofdkussen te voorkomen is het verstandig om een oud kussensloop onder het sloop te doen.

Tip: Het is verstandig om ieder jaar een nieuw hoofdkussen te kopen. Tenzij je dol bent op huismijt...

Tip: Is er iemand in je huishouden met allergieën, vraag dan naar allergievrije producten bij de beddenspeciaalzaak.

Tip: Heb je knuffels in de slaapkamer? Ook hier gaan veel bacteriën in zitten. Je maakt ze bacterievrij door ze in een plastic zakje in de vriezer te leggen. Na een paar uur zijn ze weer heerlijk fris maar is de vertrouwde geur nog steeds aanwezig!

Tip: Om knuffels mijtvrij en schoon te krijgen kun je ze ook wassen; de eigen geur van de knuffel gaat dan wel verloren... Doe ze in een dichtgebonden kussensloop en was ze op 60 graden. Ook smoezelige stukjes Lego en Duplo kun je op deze manier wassen.

Tip: Het metalen frame van je bed afsoppen en de rest stofzuigen.

Tip: Gebruik voor het uitsoppen en het droogmaken van de kast een oude badstoffen sok of een washandje en voor het droogwrijven een droge schone doek.

Tip: Leg een paar laurierblaadjes tussen je wollen kleding en wat geurballetjes tussen de rest van de kleding. Zo houd je motten op afstand en ruikt je kast heerlijk fris!

TIPS!

Tip: Leg witte of pastelkleurige truien altijd binnenstebuiten in de kast, zo worden ze niet smoezelig.

Tip: Zorg voor voldoende opbergmogelijkheden, zo voorkom je losslingerende troep.

Tip: Heb je ook zo'n hekel aan de stank die de stofzuiger tijdens het zuigen verspreidt? Doe wat waspoeder in de stofzuigerzak en voortaan ruikt je uitlaat lentefris!

Tip: Plakbandrestjes op kasten en deuren verwijder je heel gemakkelijk met wat lampolie op een watje. Even intrekken en wegwrijven. Nooit geweten?

Liny:
Dat is een goeie tip!

Liny:
Tjongejonge, komt dit ooit goed?

Marja:
Oh, wat is dat smerig, zeg!

DE BADKAMER

De badkamer

Verzamel al je losse shampooflessen, make-up, borstels en andere toiletartikelen in een plastic opbergbox. Zorg ervoor dat je met een lege badkamer kan beginnen. Besef dat je badkamer regelmatig wisselende temperaturen heeft, check dus oude restjes crème. Die zijn vaak al bedorven en kun je dus beter meteen weggooien!

Ook in de badkamer eerst alles stofvrij maken. Denk aan al die haren, huidschilfertjes en andere stofjes.

Zo, we beginnen weer in een lege, stofvrije ruimte! Nu gaan we aan het sopwerk beginnen. Voor de badkamer hebben we nodig: schoonmaak-azijn, dikbleek, scheerschuim, karnemelk, ammonia en allesreiniger.

Draai de douchekop eraf en leg hem in heet water met schoonmaakazijn (eerst heet water en dan azijn, niet andersom!). Vergeet niet de rubbers eraf te halen, die kunnen namelijk niet tegen azijn! En net zoals azijn de douchekop ontkalkt, kun je nu ook jezelf een beetje ontkalken. Geloof je het niet? Neem lekker een glaasje water met een eetlepel azijn, dat is goed voor je huid en je aderen... Even uitpuffen mag nu ook wel. Intussen kan de douchekop even inweken. Prik daarna de gaatjes door met een speld en, hup, een schone, goed werkende douchekop is het resultaat.

Ondertussen met een sponsje en wat dikbleek de kranen deppen, laat ook maar even intrekken. Zit er veel kalkaanslag op je kraan, neem dan een keukenrol met schoonmaakazijn en leg dat als een dasje om de kraan heen, even aandrukken en een tijdje in laten werken, afnemen en klaar!

Schimmel tussen de badkamertegels is makkelijk te verwijderen als je een plantenspuit vult met de helft (heet) water en de helft bleekmiddel.

Ook hier weer eerst het water en dan het bleek in de plantenspuit doen! Spuit dit mengsel op de voegen, laat het even intrekken terwijl je de ruimte ventileert, naspoelen met water en klaar.
Doekjes gescheiden houden! Niet met het doekje van de badkamer in de keuken gaan werken, meteen in de was!

Na iedere douchebeurt de wanden van de cabine natrekken met een trekker, dat voorkomt de ergste kalkaanslag.
Heb je een douchegordijn? Trek het na het douchen weer dicht, zodat het goed kan drogen, anders komt het weer erin. Na het douchen het raampje open: ventilatie!
Maar zover zijn we nog niet, eerst moeten de spiegels schoon!

Spiegels zijn heel simpel schoon te maken met een sopje met een beetje afwasmiddel erin.
Ook weer goed droog maken (bijvoorbeeld met die oude sok).

Als laatste weer de vloer. Schrob de vloer met een sopje met schoonmaakmiddel en ammonia. Nadweilen met water en azijn voor een mooie glans en tegen strepen.

Heb je een wasmachine of een toilet in je badkamer? Geen zorg, die komen later aan bod.

Zo... heb je dat raampje opengezet? We gaan de badkamer weer inruimen!

Liny:
Goed gedaan!

Tip: Heb je je vieze verzuurde badkamerkleedje eens goed bekeken? Is ie nog te wassen of koop je een nieuw?

Tip: Strooi regelmatig in de afvoer van zowel het bad als de wastafel een beetje soda en gooi daar heet water achteraan.

Tip: Handschoenen aandoen, je werkt met agressieve producten.

Tip: Een vieze zwarte vetrand in je bad dep je even in met karnemelk, vervolgens naspoelen met warm water en opwrijven. Neem tegelijkertijd zelf een lekker glaasje karnemelk. Goed bloedzuiverend!

Tip: Om te voorkomen dat je spiegels gaan beslaan, kun je erg goed scheerschuim gebruiken. Insmeren met scheerschuim, in laten trekken en dan met een droog stuk keukenrol schoonwrijven. Om het beslaan tegen te gaan moet je dat wel elke maand herhalen!

TIPS!

Tip: O ja, scheerschuim is een geweldig gezichtsmasker. Het werkt zuiverend en is dus goed tegen huidinfecties. Smeer je gezicht ook even in tijdens het schoonmaken, kom je meteen van die vervelende puist af...

Tip: Hebben je (scheerschuim)spuitbussen van die lastige roestkringen in de badkamerkastjes achtergelaten? Lak de onderkant van de spuitbussen met blanke nagellak en er zullen geen roestvlekken meer verschijnen.

Tip: Strooi even vlug wat bloem op een vochtig doekje om het chroom op te wrijven.

Tip: Een schaaltje met geurballetjes in je badkamer doet wonderen. Goedkoop en het ruikt zalig.

Tip: Hang na het douchen eerst je handdoeken uit! Om te voorkomen dat het weer erin komt.

Tip: Het meest praktisch in een badkamer zijn witte handdoeken, ze drogen je beter af en je kunt ze heter wassen.

Tip: Vergeet niet iedere dag in je heerlijk schone spiegel naar jezelf te kijken...

TIPS!

Tip: Tandenborstels om de paar dagen verfrissen met een in water opgeloste Steradenttablet.

Tip: Tubes die bijna leeg zijn of waar je niets meer uitkrijgt; knip ze doormidden en je hebt nog een restantje voor minimaal een week. O, wat zal dat ons spaarpotje vullen!

Tip: De voorgeperforeerde opening van rollen met wattenschijfjes zit aan de onderkant. Maar waarom scheurt iedereen die rollen dan aan de bovenkant los?

Tip: Leg in het bad of de douche een antislipmat neer, uitglijden is zo gebeurd! Beter voorkomen dan genezen.

Tip: Gebruik nooit schuurmiddelen en schuursponsjes op je plastic douchewanden en dergelijke, je krijgt krassen!

Tip: Heb je krassen op je kunststof sanitair? Krassen verdwijnen als sneeuw voor de zon met zilverpoets of tandpasta. Met een zacht doekje opwrijven.

Tip: Na het handen wassen of tanden poetsen even met een gastendoekje de kraan en de wastafel droogmaken. Dan is het niet zo vies voor je huisgenoten.

Tip: Gebruik je eigen handdoek, dat is frisser! Na gebruik uithangen!

Tip: Een emaillen bad glimmend houden, zonder vet en zonder zeepresten, dat doe je met autowax. Dit kun je ook gebruiken voor je koelkast of andere producten van email.

Tip: Haarborstels of kammen in warm sodawater laten weken. Behalve als ze van aluminium zijn. Goed naspoelen en laten drogen, en je borstel is weer heerlijk schoon. Doe dit eens in de vier weken.

Tip: Handen wassen aan de wastafel met meerdere personen? Dan kun je beter een pompje gebruiken met vloeibare zeep, dat geeft minder bacteriën dan een stuk zeep.

Tip: Wees niet te zuinig als het om je tanden gaat. Eens in de maand een nieuwe tandenborstel is minder duur dan de tandarts!

Wasmachine

Lade voor waspoeder en wasverzachter schoonmaken: met een vochtige handdoek de resten eruit halen. Is het te dik aangekoekt, dan met gekookt water.
Rubberen ring droog maken na elke wasbeurt.
Leeg het stof/harenbakje eens in de drie maanden, en let erop... goed vastdraaien!
Na het wassen deurtje open laten staan, maar pas op dat de kat er niet in gaat zitten.
Laat zo nu en dan de wasmachine eens op 70 graden draaien in plaats van op 40, dat houdt de leidingen schoon en voorkomt dat afvalresten zich erin vastzetten. Spaar bijvoorbeeld een aantal stofdoeken om de machine niet voor niets te laten draaien.
Zit er schimmel op de rubberen ring, dan moet je de ring na het schoonmaken insmeren met wat vaseline.

Droger

Na elke droogbehandeling moet je de stofresten van het rooster verwijderen.
Heb je een slee die water opvangt... leeg die slee en gebruik dit water in het stoomstrijkijzer, het is namelijk al ontkalkt.
De slee (aan de onderkant van de droger) eens in de maand schoonmaken, even in een bad met de sproeier schoonsproeien. Als de slee verstopt raakt, verbrandt de motor en dat wil je niet... Laat je de slee vuil, dan kom je jezelf op een gegeven ogenblik tegen!

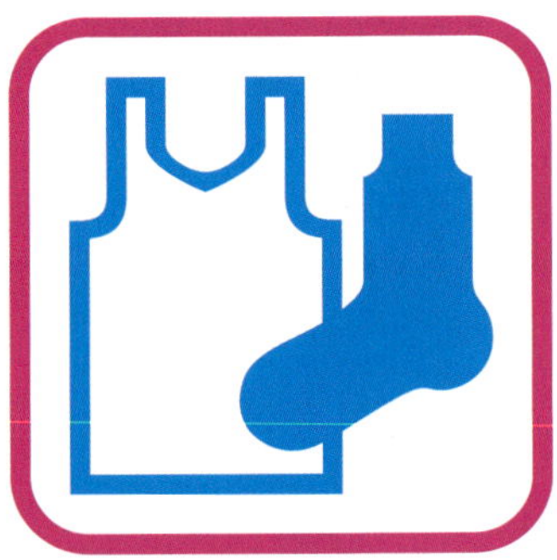

Tip: Het is beter voor je wasmachine en je droger om de deurtjes open te laten staan als je ze niet gebruikt. Dit voorkomt dat het rubber vergaat en er nare luchtjes ontstaan.

Tip: Controleer je kleding regelmatig in de droger tijdens het drogen, dit bespaart vaak droogtijd.

Tip: Moeiteloos strijken doe je door in de droger een tennisbal bij de was te doen.

TIPS!

Waswijzer

Wolwasprogramma
Als er een streep onder de wastobbe staat dan betekent dat dat je een antikreukprogramma of een wolwasprogramma moet gebruiken.

Normaal wasprogramma, maximaal 40°C

Normaal wasprogramma, maximaal 60°C

Dit artikel mag niet met water gewassen worden
Laat het stomen of chemisch reinigen als dat mag.

Alleen handwas

Het aantal stippen op een strijkijzer geeft aan hoe heet je het artikel mag strijken:

●	warm	110°C
●●	matig heet	150°C
●●●	heet	200°C

Dit artikel mag je niet strijken

Bleken toegestaan

Niet bleken

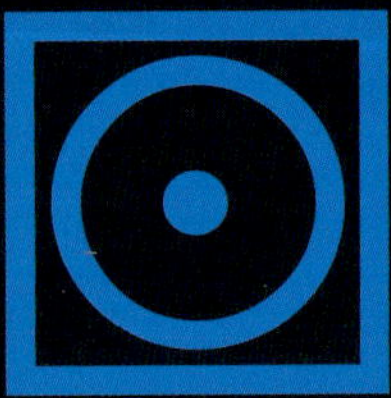

Drogen in trommeldroger toegestaan op lage temperatuur

Drogen in trommeldroger toegestaan op normale temperatuur

Niet drogen in de trommeldroger

Staat dit teken in je kleding dan **mag het naar de stomerij**. De letters in de cirkel zijn alleen voor de stomerij belangrijk.

Als er een kruis door de cirkel staat, mag het product niet chemisch gereinigd worden en dus **niet naar de stomerij**.

Tip: Sorteer meteen je was en gebruik een gekleurde wasmand voor de gekleurde was en een witte (of één in een andere kleur) voor de witte was. Tegenwoordig kun je ze ook in combinaties kopen. De was wordt op deze manier meteen gesorteerd en dat bespaart een hoop tijd!

Tip: Handdoeken op 60 graden wassen is voldoende om alle bacteriën te doden.

Tip: Vette overhemdkragen smeer je voor het wassen in met een neutraal gekleurde shampoo voor elke dag of ossengalzeep.

Tip: Nieuwe gekleurde kleding tegen het afgeven wassen met een behoorlijke schep zout en met azijn in het wasverzachterbakje. De kleur blijft zo ook mooier.

Tip: Linnen is een vlasvezel waar je erg mee moet oppassen. Op 40 graden in de machine, niet centrifugeren en zo uit de wasmachine ophangen en bijrekken, want linnen kan krimpen! Dan strijken.

TIPS!

Tip: Wol was je op de hand en daarvoor gebruik je een fijnwasmiddel. Heen en weer halen door het sopje. Later goed uitspoelen met lauwwarm water en een klein beetje wasverzachter. Niet wringen maar knijpen, liggend laten drogen. Anders is je maatje S straks maat XL geworden. Pas ook op dat je je wollen truitjes niet te heet wast, want dan zit je weer met maatje eXtra Small!

Tip: Synthetische stoffen kunnen allemaal op 30 of 40 graden met een fijnwasmiddel in de wasmachine.

Tip: Lycra stoffen was je alleen op lage temperaturen, nooit meer dan 40 graden, en met een fijnwasmiddel. Gebruik altijd wasverzachter, dat voorkomt dat het materiaal statisch wordt.

Tip: Witte lingerie met een grauwsluier krijg je, net als witte vitrage, weer echt wit met een Steradenttablet. Wassen op 30 graden.

Tip: Voor wol kun je ook heel goed iedere-dagshampoo (voor normaal haar) gebruiken. Veel goedkoper dan een wolwasproduct! Een heel klein beetje is genoeg. Handwas of wasmachine, maar denk eraan: koud! Niet langer dan acht tellen centrifugeren... en daarna meteen je machine uitzetten. Zo krijg je geen kreukels.

Tip: Gebruik een wolwasmiddel voor de fijne was, niet te veel, op 30 graden.

Tip: Minder strijkwerk? Vouw meteen na het drogen je kleren op. Ze zijn dan nog vrijwel kreukloos en strijken zichzelf, wat het behoud van je kleding is.

Tip: Leg onder je strijkplankovertrek een stuk aluminiumfolie, met de glimmende kant boven, op de plank. De folie weerkaatst de warmte, waardoor je een stuk sneller en makkelijker strijkt.

TIPS!

Tip: Is je strijkijzer aan de onderkant verbrand, leg dan keukenpapier op de strijkplank, strooi keukenzout op het papier, zet het strijkijzer aan, niet te heet, en haal het strijkijzer over het zout heen. De zool wordt weer brandschoon! Anders met een oude tandenborstel met tandpasta de zool poetsen, natuurlijk op een koud strijkijzer.

Liny:
Zo, ook weer klaar!

Marja:
Ben ik nou niets vergeten?

HOE SCHOON IS JOUW HUIS?

OVERLOOP EN TRAP

Overloop en trap

We zijn al bijna beneden aangeland, maar vergeet niet de overloop en de trap schoon te maken. Want de markt wordt altijd schoongemaakt, maar de zijstraten niet!

Het plafond en de muren stoffen en zuigen en eventuele schilderijtjes afzemen.

Dan de vloer en de trap schoonzuigen, afnemen en dweilen. Vergeet de zijkanten en de leuning niet!

♥ Marja:
Zet even een lekker muziekje op!

Tip: Neem de deuren in één richting af, anders krijg je een schaakbordmotief. Met een droge doek nawrijven.

Tip: Plinten afstoffen met een plumeau, dan stofzuigen en tot slot met een sopje afnemen.

Liny:
En vergeet de plintjes niet, hè!

HOE SCHOON IS JOUW HUIS?

DE WOONKAMER

De woonkamer

Alle planten verzorgen, afsproeien en buiten zetten, pluk de oude blaadjes eraf. Alle kranten en tijdschriften sorteren en/of weggooien. Losse troep sorteren en terugbrengen naar de plek waar het hoort. Meteen doen!

Losse kleden en tapijten uit de kamer halen en buiten met de mattenklopper ertegenaan. Meubels van de wand zodat je erachter kunt komen. Losse kussens uit banken en stoelen halen, buiten afborstelen, kloppen en stofzuigen.

Weer met het plafond beginnen, dan de muren, plinten etcetera zuigen en afnemen. De radiatoren maak je natuurlijk het beste schoon als ze koud zijn. Gebruik een sopje van water met een klein beetje ammonia. Vergeet vooral de achterkant niet. Met een plumeau kun je overal tussen. Vergeet bij het stoffen van je meubilair de onderkant en de (tafel)poten niet.

Lampenkappen met een zachte (!) borstel afborstelen. Kasten leeghalen, serviesgoed en glazen afwassen, prullaria afwassen of goed afnemen. Kasten van binnen schoonmaken en dan weer inruimen, misschien nog een beetje handiger dan voorheen. Boeken afnemen met een plumeau.

Zo, heb je de deurtjes van je kast mooi schoongemaakt, alles er weer in gezet en alles verder afgestoft? Dan kun je beginnen met het stofzuigen en eventueel dweilen van de woonkamer.
Vloerbedekking kun je het beste reinigen met water en schoonmaak-azijn, zo blijven de kleuren mooi! Dat doe je met de hand of een oude handdoek om een schrobber.

Is alles stofvrij, dan zijn de ramen aan de beurt. Schone, glanzende ramen zijn de spiegel van je huis. Daarom is het zo heerlijk om ze schoon te maken. Het lijkt ook wel of alle glazenwassers die de ramen komen lappen vrolijke mensen zijn. Eerst de omlijsting afsoppen, maar als het goed is, is dat al gebeurd. Dan de ramen lappen.

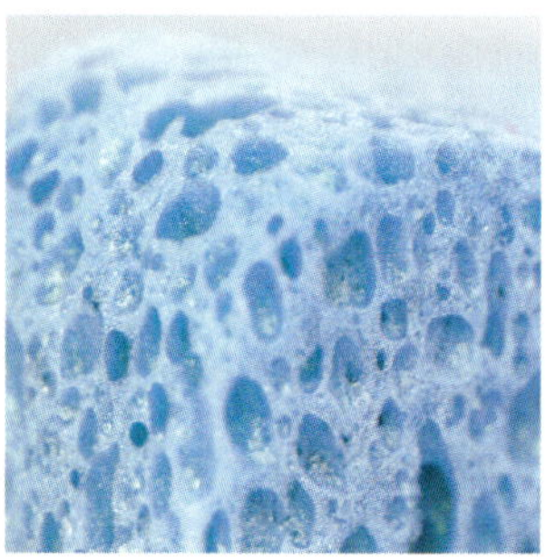

FAMILY

Ramen

Deze klus hoeft nooit saai te zijn, omdat er meerdere manieren zijn om ze mooi te maken. Het kan met handwarm water met glansspoelmiddel, water met spiritus, water met een beetje ammonia of water met afwasmiddel. Zo, dat is de kroon op je werk!

Tip: Een vuile raamventilator veeg je snel schoon met een doekje met een beetje ammonia of spiritus (geen water).

Tip: Ramen streeploos schoonzemen doe je met een ui in warm water. Snijd de ui in vieren en gooi hem met schil en al in het water. Je krijgt je raam ook streeploos door het even op te wrijven met een krantenprop. In plaats van een krantenprop kun je ook een oude panty gebruiken.

Tip: Zeem de buitenkant van de ramen altijd verticaal en de binnenkant horizontaal. Zo weet je aan welke kant de strepen zitten.

Tip: Vliegenpoep op ramen en andere oppervlakken verwijder je door een spons met wat koude thee over het oppervlak te wrijven. In thee zit een zuur waardoor de vliegenpoepjes verdwijnen en de vliegen niet snel zullen terugkomen op deze plek.

Tip: Om je zeem mooi schoon te krijgen, laat je hem een nacht in de karnemelk weken. Daarna wel goed uitspoelen natuurlijk.

DISCO

Meubels

Tip: Stoffen bekleding van stoel of bank kun je weer opfrissen met lauw water en een beetje schoonmaakazijn. Niet te nat (uitgewrongen doekje).

Tip: De televisie neem je af met een sopje van water en een klein beetje ammonia. Niet te nat en met een droge doek nawrijven.

Tip: Om eikenhouten meubels mooi te laten glimmen, wrijf je ze in met warm bier (en neem er zelf ook eentje!). Daarna even opwrijven met een droge doek. Jouw neus glimt en de tafel ook.

Tip: Je eikenhouten meubels worden ook mooi met boenwas. Voor blank eikenhout witte boenwas en voor donker eikenhout donkere boenwas. Klein beetje op een lapje en dubbelslaan. Was door de poriën van de stof heen laten trekken; door de warmte komt de was een beetje naar buiten, waardoor er nooit te veel in de houtnerf komt.

Tip: Gepolitoerd hout (hoogglanzend hout dat gepolijst en gelakt is) kun je het beste ook alleen met water afnemen. Vlekken in gepolitoerde oppervlakken kun je verwijderen met een kurk gedoopt in een papje van sigarettenas en een beetje slaolie. Ga daarmee voorzichtig over de vlek.

Tip: Gelakt hout kun je vochtig afnemen met alleen water. Laten drogen en even opwrijven met een droge doek.

Tip: Verschillende oppervlakken van kunsthout kun je mooi laten glanzen met wat babyolie.

Tip: Waterkringen op hout krijg je weg met een papje van spiritus en sla-olie. Vermengen tot een dressinkje, kurk erin dopen en over de plek heen draaien. Blijven draaien, draaien en maar draaien... heus, houd vol, op een gegeven moment komt er een grijs papje tevoorschijn, afnemen en weg is de vlek!

Tip: Rotanmeubels uitzuigen! Afnemen met een sopje van groene zeep.

Tip: Bamboe en rieten meubels maak je schoon met een kwart liter water met een eetlepel zout en een paar druppels citroensap.

Tip: Houten meubelen regelmatig in de was zetten, niet te dik. Eens in het kwartaal is meer dan genoeg! Zie de tip met de boenwas in het dubbelgevouwen lapje. Verwijder eerst de oude was met wat azijn of terpentine.

Tip: Als alle houten meubelen goed in de was zijn gezet en uitgewreven, is regelmatig afnemen voldoende.

Tip: Fluwelen bankstellen maak je schoon met een sopje van koud water met wat ossengalzeep erin, schuimig kloppen. Daarmee de fluwelen oppervlaktes bewerken, in laten werken en dan met een niet-pluizend doekje opwrijven.

Tip: Leren meubels regelmatig afnemen met een vochtige (klamme) zeem of doek. Het beste kun je gekookt water gebruiken, dan blijven er geen kalkvlekken achter. Maximaal één keer per jaar insmeren met leerwas dat bij de fabrikant te koop is.

Tip: Je kan voorkomen dat leer gaat kraken door op de raakvlakken wat talkpoeder te wrijven. Dan maakt het niet zo'n lawaai als je gaat zitten...

Tip: Al te droge leren bekleding kun je soepeler maken door deze zeer dun – twee druppels per vierkante meter – in te smeren met zuivere wonderolie.

Marja:
Kom op, nog effe en dan is het schoon!

Tip: Haren van je hond of kat verwijder je gemakkelijk met een vochtige rubberen handschoen of een rubberen trekker. Trek de handschoen aan en wrijf over de oppervlakte waar de haren op zitten. De haren vormen dan een dun rolletje dat je gemakkelijk op kunt pakken.

Tip: Heb je een los kleed, draai dat een keer om en zuig de onderkant.

Tip: Geef losse kleden af en toe eens een andere plek in de kamer om slijtage op één plek tegen te gaan.

Tip: Vlekken in een tapijt kun je bewerken met een biologisch inweek-middel. Denk er goed aan de plek van buiten naar binnen te wrijven en niet zoals je gewend bent van je af.

Tip: Heb je linoleum, laminaat of zeil... lekker makkelijk: eerst stof-zuigen en dan met een vochtig sopje afnemen. Klaar!

Tip: Parket maak je eerst stofvrij. Voor gelakt parket zijn speciale mid-delen te koop om het mooi te houden. Geboenwast parket regelmatig in de was zetten, anders verarmt het hout. Daarna uitwrijven met een droge doek.

Tip: Maak parket nooit te nat!

Tip: Plavuizen vloeren en vloeren van natuursteen maak je eerst stofvrij en neem je dan af met een sopje van groene zeep. Nadweilen met schoon water met vloertrekker of dweil en droogmaken met de mop.

Tip: Natuursteen is erg rijk aan kalk, dus je begrijpt het al... gebruik nooit zure schoonmaakmiddelen als azijn voor je prachtige vloer!

Tip: Marmer maak je glanzend met een droge doek met wat spiritus erop.

Tip: Kaarsvet op je mooie houten vloer! Geen nood... krab het er voorzichtig af, met de nerf mee, en wrijf de plek na met wasbenzine.

Tip: Kaarsvet op de vloerbedekking: keukenpapier erop en met je strijkijzer, niet te warm, over het keukenpapier strijken. Steeds een schoon stuk papier en doorgaan tot alle vet in het papier is getrokken.

Tip: Kauwgom in je tapijt: zakje ijsklontjes erop zetten. De kauwgom wordt hard en is zo makkelijk te verwijderen.

Tip: Gordijnen maak je stofvrij met een kruimeldief of kledingborstel. Een stofzuiger is hiervoor veel te krachtig. Voor je het weet ben je je gordijn kwijt!

Tip: Vitrage wassen. Neem de vitrage bij de haken samen en doe de stof met de haken in een oude sok. Op 30 graden, fijnwas, in de wasmachine.

Tip: Witte glasvitrage wassen met een beetje (!) waspoeder en een Steradenttablet. Spierwitte vitrage is het resultaat.

Tip: De bladeren van je groene planten krijg je mooi schoon met water en een beetje melk op een lapje. Afvegen en de bladeren glimmen prachtig. Voordat je begint eerst de planten stofvrij maken met de stofdoek.

Tip: Bloemen in de kamer blijven langer vers door in het water een schepje suiker met wat azijn te doen!

Tip: Koffiedik tussen de planten houdt katten op afstand.

Tip: Planten niet in de volle zon en één of twee keer per week water geven is voldoende!

BLACK&DECKER
Dustbuster

Tip: Als je de as uit de open haard wilt wegvegen zonder stofwolken, neem dan een stuk krant, schuif dat tegen de as aan, spray met de plantenspuit water op het papier totdat de krant echt plat en nat op de oppervlakte vastzit, en veeg dan de as en het stof met een lichte beweging op de natte krant. Stof en as slaan dood op het vocht, vouw de krant dicht en gooi hem weg. Deze methode is ook geschikt om zand en ander stof op andere plekken op te ruimen.

Tip: Een goedkope luchtverfrisser: meng één theelepeltje zuiveringszout, één eetlepel citroensap en twee koppen water in een kom. Wacht tot de bubbels zakken, dan goed roeren en het geheel in een plantenspuit gieten. Spuiten maar en de lucht wordt fris!

Tip: Vieze luchtjes in huis? Een laurierblad verbranden.

Tip: Rooklucht na een avondje gezellig samenzijn verdwijnt door een paar schaaltjes met natuurazijn neer te zetten. 's Morgens ruikt je kamer weer een stuk frisser, nog even de ramen openzetten en gedaan is het met de rooklucht.

Tip: Een heerlijk en bijzonder geurtje in de kamer creëer je met een sinaasappel waarin wat kruidnagels zijn geprikt. Het blijft gemiddeld zo'n twee weken ontzettend lekker geuren. Vooral leuk met de kerstdagen of om cadeau te geven!

Tip: Een hygrometer in de kamer is erg belangrijk! Dit apparaat meet het vochtgehalte in je huis. De vochtigheid op peil houden is belangrijk voor jou maar ook voor al je meubels, het textiel zoals gordijnen en bekleding, én de piano. Doordat de huizen tegenwoordig zo goed geïsoleerd zijn, kan de ruimte te droog of te vochtig zijn. Ken je dat gevoel: je bent niet moe, maar voelt je toch duf en hangerig en je wilt alleen maar languit op de bank liggen... De oorzaak kan te droge lucht in huis zijn. Neem daarom een hygrometer, kijk er ook regelmatig op en doe wat aan de luchtvochtigheid in huis.

Tip: Zorg voor een goed opbergsysteem voor dvd's en cd's. Doe ze na het afspelen meteen terug in het hoesje en zet ze weer op hun plek!

Tip: Zo voorkom je dat kaarsen gaan lekken: vul een van boven opengesneden (cola)fles met water en zout en dompel daar de kaars in (niet helemaal kopje onder). Uiteraard niet afdrogen en branden maar.

Tip: Asbakken maak je schoon met een warm sopje. Heel goed droogwrijven en dan bedoelen we ook héél goed droog. Dan met een luchtverfrisser insprayen en weer laten drogen. Op deze manier blijft de as niet vastplakken in de asbak. Een asbak is ook goed schoon te houden met een kwast.

Liny:
'Zit m'n haar nog goed?'

Marja:
'Heb ik nog lippenstift op?'

Diversen

Tip: Voorwerpen van koper of messing worden weer als nieuw als je ze insmeert met een papje van twee eetlepels ketchup en één eetlepel azijn.

Tip: Voor het opwrijven van je tv zijn antistatische doekjes te koop.

Tip: Het computerscherm behandel je net als de tv. Het toetsenbord en de toetsen – niet alleen bovenop, ook de zijkanten – neem je eventueel af met een kwastje of een tandenborstel met een vleugje spiritus of ammonia. Zorg dat er geen vocht in het toetsenbord komt.

Tip: Leg aluminiumfolie op de stoelen en plekken waar je niet wilt dat katten en honden komen. Ze hebben een grote hekel aan aluminiumfolie!

Tip: Potloodtekeningen op de muur met een oude tandenborstel met wat tandpasta erop bewerken. Wrijf het teveel eraf en weg is de tekening.

Tip: Balpenvlekken op het behang? De plek een beetje vochtig maken, haarlak erop spuiten, even in laten werken en met een droge doek afvegen.

Tip: Viltstift op gladde oppervlakken verwijder je makkelijk door er een mengsel van spiritus en wijnsteenzuur op te spuiten. Bij hardnekkige vlekken het spul even met een watje insmeren en in laten trekken.

HOE SCHOON IS JOUW HUIS?

DE KEUKEN

De Keuken

Voordat je kunt beginnen met de schoonmaak van je keuken moet eerst het aanrecht leeg zijn. Dus: vaat afwassen en op een tijdelijk, schoon plekje neerzetten (niet terug in de keukenkastjes, want die moeten nog schoon). Zijn nu alle losse rommeltjes opgeruimd? Dan gaan we beginnen!

Keukenkastjes

We halen eerst alle spullen uit de keukenkastjes (en er vanaf als ze er bovenop staan). Kast voor kast! Eerst alle onnodige troepjes en hebbedingetjes die je al een jaar niet gebruikt hebt weggooien of weggeven! Kijk naar de houdbaarheidsdata van de levensmiddelen en gooi weg wat over de datum is.

Keukenkastjes met het bekende sopje (water met ammonia) afnemen. Houd het sopje altijd licht! Droogwrijven met een doek.
Ruim de kastjes weer in en zorg ervoor dat je schone spullen in je schone kastje zet! Zet geen spullen meer boven op de kastjes!

Tip: Ververs per kastje je emmer sop! Anders sta je al het werk voor niets te doen!

Tip: Frisse keukenkastjes krijg je door een paar gaten in de onderkant of de zijwand te boren. Vaak helpt dit ook tegen luchtjes. Net zoals regelmatig uitsoppen met water en soda. Weg met die muffe geur!

Gootsteen
Schoonmaken met dikbleek, even deppen, daarna met een borsteltje opwrijven en hij gaat heel mooi glimmen! Pas op voor je kleding!

Tip: Lekkende kranen laten lelijke gele plekken achter, meestal kalk. Maak een papje van 100 gram zout en 1 dl azijn, smeer het erop en laat het een halfuurtje inwerken. Goed naspoelen.

Tip: Graniet maak je glanzend met een beetje slaolie.

Afzuigkap
Ben je in het bezit van een afwasmachine, dan kunnen de roosters daar mooi in. Zo niet, dan afwassen met heel heet water met daarin soda en ammonia. Even in laten werken en goed afspoelen.

Gasstel of elektrische kookplaat
Gasstel: alle pitten afnemen, in een sopje doen, in laten weken en goed boenen met een zacht schuursponsje. Eventueel opwrijven met een doekje met zilverpoets. Poets de plaat ook met sop en een doekje met een beetje boenwas.
Elektrische kookplaat: Afnemen met een vochtig soplapje. Niet te nat maken. Opwrijven met droog, schoon lapje of keukenpapier.

Oven

Om je oven mooi schoon te krijgen, verwarm je hem voor op 200°C. Onderin plaats je een schaal met heet water. In het midden van de oven een schaal met pure ammonia zetten, klep van de oven sluiten en de oven uitzetten. Laat dit schoonmaaktrucje een tijdje lekker inwerken, waarna je de oven met een sopje uitneemt en droogwrijft.

(Combi)magnetron

Plaats een bakje water met een paar schijven citroen in de magnetron, zet hem 5 minuten op vol vermogen. Door de stoom komt het zuur uit de citroen vrij en weekt het vuil los van de wand en de citroen geeft meteen een frisse geur aan de magnetron. Verleng de tijd als dat nodig is. Hierna met een droge doek afnemen.

Vriezer en koelkast

Eerst uitruimen. Haal de stekker uit het stopcontact! Leg een handdoek onder het apparaat voor het lekkende water door het ontdooien. Wil je je vriezer snel ontdooien, dan kan dat met een föhn, maar pas op: wees heel voorzichtig met de elektriciteit! Om het ontdooien te versnellen, kun je ook een bak heet water in je vriezer zetten. Schoonmaken met een licht sopje. Daarna droogwrijven, anders krijg je wateraanslag bij het weer in gebruik nemen!

Tip: Na het schoonmaken bestrijd je luchtjes in de koelkast door er een kopje koffiedik in te zetten. Een coffeepad of een theezakje kan ook. Eens in de veertien dagen vervangen.

Tip: Nooit een schuursponsje in de koelkast of de diepvries gebruiken, want dan tast je het plastic aan.

Andere keukenapparatuur

Tip: Koffiezetapparaten en andere huishoudelijke apparaten met een plastic buitenkant worden vaak gelig. Met citroen insmeren en daarna afnemen met een doek. Een citroen geeft meer vocht als je hem even op de verwarming legt.

Tip: Ontkalken van huishoudelijke apparaten met heet water en azijn. Een nachtje zo laten staan en de volgende ochtend heb je een stralende spiraal.

Tip: Snijplanken maak je ook schoon met een halve citroen. Bijvoorbeeld tussen het snijden van vlees en kip door. Door de citroen verdwijnen geurtjes, ook uit een houten snijplank.

Tip: Aanslag op de metalen koffiepot ga je te lijf met heet water en een schepje soda. Alle koffieaanslag weg!

Tip: Een theepot waar aanslag in zit, is gemakkelijk schoon te maken met heet water en een paar Steradenttabletten.

Tip: Een makkelijke manier om die eeuwig vette frituurpan schoon te krijgen: vul de pan met snackhouder met heet water. Verwarmen tot 90°C (niet koken!), vervolgens een afwasmachinetablet toevoegen. Enige minuten laten borrelen en zie: schoon is je frituurtje weer.

Zo, de keuken is spic en span! Of staat er alweer een nieuwe berg afwas op je te wachten? Kom op, maak 'm snel kleiner met deze handige afwastips!

Afwassen

Tip: Eerst het glaswerk, dan de kopjes en schoteltjes. Daarna de borden, het bestek en de schalen. Als laatste de pannen. Zo blijft je water het langst vers.

Tip: Doffe glazen worden weer glanzend door een beetje azijn bij het water te doen. Ze gaan prachtig glimmen als je ze in warm water met wat soda dompelt, ze afspoelt met water en ze droogwrijft. Ook perfect om bier weer schuimend in het glas te krijgen.

Tip: Heb je geen afwasmachine en heb je altijd veel te veel vaat staan? Zorg voor minder servies in je kastjes, dan moet je het vanzelf vaker gebruiken en moet je vaker afwassen!

Tip: Zitten twee glazen vast in elkaar? Vul het bovenste glas met koud water en zet het onderste in heet water.

Tip: Aangekoekte pannetjes: even een laagje cola erin laten pruttelen en binnen een mum van tijd heb je weer een mooi glimmend pannetje.

Tip: Zilveren bestek kan in de afwasmachine. Doe er een prop aluminiumfolie bij. Dan blijft het mooi glanzend. Berg het op in afgesloten plastic zakjes.

PISTOLET HB
MEERGRANEN
08 09 05

Tip: Groenten blijven langer vers als je onderin je groentela wat keukenpapier legt.

Tip: Heb je een (groot) stuk in plastic verpakte kaas: een suikerklontje ertegenaan voorkomt schimmelen.

Tip: Leg een stuk of vijf knikkers op de bodem van je pannetje met melk en je melk kookt niet over.

Tip: Een suikerklontje in je koektrommel zorgt ervoor dat je koekjes langer vers blijven.

Tip: Je fruit blijft langer goed als je het naast elkaar bewaart en dus niet opgestapeld. Steeltjes van tomaten en appels naar boven, dat helpt ook.

Tip: Een klontje boter in de groente- of aardappelpan, dan kookt het niet over.

Tip: En wordt je suddervlees niet zacht? Een slokje cola erbij... et voilà.

Tip: Pindakaas maak je weer sappig met wat olijf- of slaolie.

Tip: Heb je om een of andere duistere reden geen deksels meer op je (pindakaas)potjes? Dek ze dan af met aluminiumfolie of huishoudfolie.

Tip: Nare luchtjes, zelfs die vieze uienlucht, krijg je van je handen af door ze te wassen met tandpasta.

Marja:
Pluimpje op je hoedje!

HOE SCHOON IS JOUW HUIS?

HET TOILET

Het toilet

De toiletpot maak je schoon met bleekmiddel. Voor kalkaanslag kun je cola of een Steradenttablet gebruiken. Even in laten werken... en doortrekken maar! Denk ook aan de buitenkant van de pot.

Bril en deksel met witte boenwas opwrijven.

Let ook goed op je fonteintje, want iedereen zit daar toch een tijdje naar te kijken en als het onsmakelijk is... Denk ook aan de onderkant: overal waar water is, kan kalkaanslag zijn!

Mocht je nog een van de weinigen zijn met een toiletmatje (bah!), pak dit dan met plastic handschoenen tussen twee vingers vast en doe het regelmatig in de wasmachine.

Liny:
Denk eraan, we gaan het niet afraffelen, hoor!

Tip: Playboy oftewel toiletborstelhouder: laat altijd een klein beetje bleekwater in de houder staan.

Tip: Zorg voor voldoende gastendoekjes of papieren tissues waar men zijn handen aan kan afdrogen.

Tip: Tijdschriften die er al lang liggen, weggooien, die zijn niet fris meer.

Tip: Mensen waarom denken jullie dat toiletpapier een leuk patroontje heeft! Om de toiletrol van boven naar beneden te laten rollen, langs de voorkant van de toiletrolhouder, en niet achterlangs tegen de muur! Van boven naar beneden zal het papier niet uit zichzelf gaan rollen, andersom wel. Geniet van je papier...

Tip: Wil je niet gehoord worden, maak dan eerst een bedje van toiletpapier, is ook handig tegen remsporen! En het gaat zo het riool in.

Tip: Een lucifer aanstrijken zorgt ervoor dat de vieze luchtjes uit het kleinste kamertje verdwijnen!

Tip: Heb je cola over na een feestje, giet dit langs de rand van het toilet en de kalk is weg.

Tip: Sproeiplekken van mannen voorkom je door een zogenaamde 'richtvlieg' in je wc-pot te bevestigen. Daar kunnen de heren dan op mikken...

Tip: Doe een paar mottenballetjes in je afvalemmertje tegen geurtjes.

DE HAL

Welcome

De hal

De uitstraling van je huis begint niet bij je voordeur... Ga eens een paar stappen naar achteren en bekijk je voordeur en je stoepje eens. Ziet dat eruit als een schoon en fris welkom? Neem de moeite om hier af en toe eens een bezem over te halen. Geef je buren het goede voorbeeld.

De voordeur: het koperwerk aan je voordeur, zoals de deurknop en de brievenbus, neem je af met koperpoets.

Zorg dat er meteen achter de voordeur een goede – bij jou passende – mat ligt om je voeten te vegen. Er zijn hele leuke exemplaren te koop.

De kapstok moet er ook opgeruimd en schoon uitzien. Maak een wat lager kapstokje voor korte jacks en kinderjasjes. Eventueel een sleutelkastje, zodat je niet meer naar je sleutels loopt te zoeken.

Telefoon: afnemen met ammonia en water of spiritus.

Marja:
Niet het hele huis met één emmer sop doen, hè!

Tip: Heb je nog plaats voor een spiegeltje, hang dat dan op. Dat is prettig voor zowel je bezoek als jezelf. Je gasten zullen graag voor ze de kamer binnengaan een snelle blik in de spiegel werpen om te zien of hun make-up of haar nog goed zit. (Ze zijn misschien al een uurtje onderweg). En voor jezelf is het handig om voor je uit huis gaat nog even je uiterlijk te kunnen checken.

Tip: Spiegel schoonmaken: wrijf met het snijvlak van een doormidden gesneden aardappel over de spiegel. Goed naspoelen met helder water en opwrijven met een prop krantenpapier.

Tip: Zet een paraplubak neer... voor de paraplu's.

Tip: Sportschoenen buiten uitdoen en ondersteboven op een krant leggen zodat de onderkant kan drogen.

Tip: En kindertjes: eerst je vetertjes losmaken voor je je schoenen aandoet, dan deukt de achterkant bij de hiel niet in en blijven ze langer mooi.

Tip: Zorg dat je altijd een voorraadje lampen, kaarsen, lucifers en stoppen in huis hebt.

Tip: Vernieuw kapotte lampen altijd meteen.

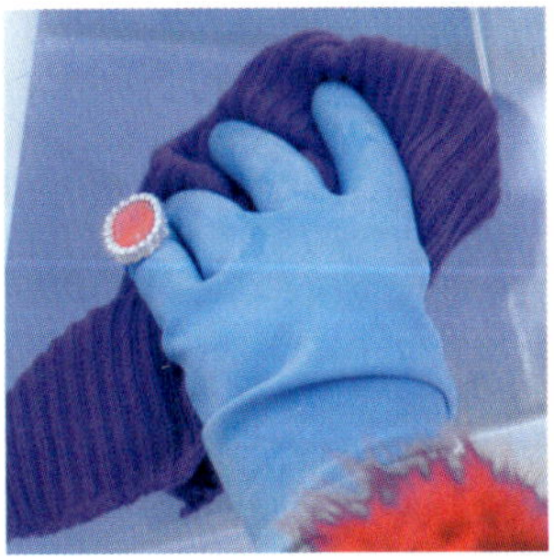

HOE SCHOON IS JOUW HUIS?

NOG MEER SOPGENOT?

Tip: We hebben het al eerder gezegd, een van de belangrijkste tips om je huis netjes te houden is: als je iets gebruikt hebt, zet het terug. Het is veel lekkerder thuiskomen (en thuisblijven!) in een opgeruimd huis.

Tip: Zorg voor voldoende afvalemmertjes in elk vertrek. Op elke slaapkamer een wasmand, ook voor de kinderen. Regelmatig schoonhouden.

Tip: Moeilijke hoekjes in keuken of badkamer? Doop een wattenstaafje in geconcentreerd afwasmiddel of bleekmiddel en het vuil vliegt weg.

Tip: Oude tandenborstels gooien we niet weg! Ze zijn ideaal om lastige plekjes zoals koelkastranden of de knoppen van het gasfornuis weer schoon te krijgen.

Tip: Roestvrijstaal laten glimmen: inwrijven met slaolie geeft een prachtig streeploos glimmend resultaat.

Tip: Om stof grondig te verwijderen bevochtig je de stofdoek met water met daarin een paar druppels glycerine.

Tip: Als je schoenen met oude panty's opwrijft krijgen ze een prachtige glans.

Tip: Als je last hebt van slakken, kun je die natuurlijk met chemische middelen bestrijden. Maar deze middelen zijn vaak milieuonvriendelijk. Een milieuvriendelijke slakkenval maak je door op een schaaltje een beetje bier te gieten. De slakken kruipen hierin en drinken zichzelf naar de slakkenhemel.

Tip: Mieren ga je tegen door koperen munten op je aanrecht of terras te leggen.

Tip: (Fruit)vliegen in je keuken? Bah! Een bakje met azijn en een druppel vloeibare zeep op de plek des onheils zetten. Ze verdwijnen als sneeuw voor de zon.

Tip: Grote bromvliegen in je keuken? Dat betekent in negen van de tien gevallen dat er ergens een skeletje van een dooie muis achter je gasfornuis ligt... Ga op onderzoek uit.

Tip: Vliegen laten opvliegen. Ze zijn gemakkelijk uit je huis te houden: prik een aantal gaatjes in het deksel van een glazen potje met wat azijn, suiker en warm water, en weg zijn ze!

Tip: Voorkom spinrag. Spinnenwebben ontsieren je muren en houden je vrienden met spinnenangst buiten de deur. Ze geven je huis de uitstraling van een spookhuis. Voorkomen is beter dan genezen en dat is in dit geval makkelijker dan je denkt. Zet op de plekken waar je last hebt van webben een bakje met zout neer. Doordat het vocht in het zout trekt, krijgt spinrag hier geen kans.

Tip: Heb je katten met vlooien? Doe dan een vlooienbandje in de stofzuiger, eventuele vlooien worden dan meteen uitgeroeid en krijgen geen kans om zich voort te planten. (Ook in de vuilniszak!)

Tip: Muizen knagen alles stuk en zijn incontinent. Via hun urine verspreiden ze ziektekiemen en daardoor kunnen wij astma of huidaandoeningen krijgen. Geen wonder dat niemand ze graag in huis heeft!
Om te voorkomen dat deze beestjes bij jou op bezoek komen moet je geen etensresten laten liggen en wat pepermuntkruid neerleggen.
Je kunt natuurlijk ook een kat nemen of een muizenval zetten! (Er zijn hele diervriendelijke muizenvallen te koop!)

Sieraden

Tip: Alle juwelen, behalve parels, kun je schoonmaken door een paar druppeltjes afwasmiddel te nemen, er heet water en ammonia bij te doen, de sieraden in te laten weken... Schoon!

Tip: Parels maak je schoon met luxe handzeep.

Tip: Zilveren juwelen: je doet een laagje aluminiumfolie in een bakje, daarbij giet je ongeveer een theekop water (mag heel heet zijn) en je vermengt dit met een flinke eetlepel soda. Leg de juwelen in het bakje en door de oxidatie zullen ze weer gaan glimmen.

HOE SCHOON IS JOUW HUIS?

VLEKKENWIJZER

Balpen
Gebruik spiritus of glycerine met een paar druppels ammonia.

Bessenjenever
Met een licht sopje van biologisch inweekmiddel. De vlek lichtjes inwrijven. Maar denk eraan: wrijf van buiten naar binnen! Daarna in de wasmachine.

Bier
Uitwassen met lauwwarm water.

Bloed
Deppen met een tissue, daarna in koud water leggen tot de vlek eruit getrokken is en dan in de wasmachine.

Chocolade
Behandelen met kokend water of glycerine. Daarna wassen met water en spiritus.

Cola
De vlek insmeren met ossengal.

Deodorant
Weken in een oplossing van water met azijn of ammonia. Zonodig spiritus gebruiken. Was bij je witte was een Steradenttablet mee voor een hagelwitte was.

Drop
Eerst afschrapen, daarna met ammonia bewerken.

Eigeel
Behandelen met zeepwater en wat ammonia.

Eiwit
Deppen met koud, zout water.

Fruit
Direct met lauwwarm water uitwassen. Donkere, oude vlekken behandel je met citroenzuur.

Gezichtscrème
Afnemen met wasbenzine.

Gras
De plek inwrijven met ossengal of groene zeep.

Groente
De vlek insmeren met een iedere-dagshampoo die neutraal van kleur is.

Haarspray
Door de vlek met warm water te bewerken lost de haarspray op.

Jam
Laten weken in een biologisch inweekmiddel.

Jus
Restjes verwijderen met een mes, daarna bewerken met wasbenzine.

Kaarsvet
Restjes afschrapen. De vlek tussen absorberend papier leggen en met heet strijkijzer bewerken.

Kauwgom
Zet een zakje met ijsklontjes op de kauwgomrest. De kauwgom wordt hard en is zo gemakkelijk te verwijderen.

Ketchup
Deppen met koud water met wasmiddel.

Koffie
De vlek insmeren met ossengal.

Lippenstift
Vlek verwijderen met wasbenzine.

Lijm
Lijmresten, zelfs die van tweesecondenlijm, lossen op door aceton. Zorg ervoor dat het aceton – dit zit bijvoorbeeld in nagellakremover – onder de lijmrest kan lopen. Laat dit even inweken en wip het plakkaat eraf met een mesje of spatel.
Let op! Aceton mag je alleen gebruiken op producten van natuurvezel! Wil je je lijmresten uit een product van kunstvezel krijgen, probeer dit dan door er met een ijsklontje in een zakje overheen te gaan. De lijm wordt dan hard en is zo gemakkelijk te verwijderen.

Make-up
De restjes verwijderen en de vlek behandelen met wasbenzine.

Mascara
Afnemen met een ammonia-oplossing.

Mayonaise
Gebruik voor mayonaisevlekken een biologisch inweekmiddel.

Mosterd
De plek inwrijven met ossengal of groene zeep.

Nagellak
Het plekje afnemen met aceton. Gebruik wel een absorberende onderlaag (vloeipapier).
Let op! Aceton kun je alleen gebruiken op producten van natuurvezel!

Nicotine
Verwijderen met gelijke delen ammonia en glycerine.

Olie
Behandelen met wasbenzine.

Parfum
Behandelen met wasbenzine.

Schoensmeer
Indeppen met wasbenzine of terpentine.

Slagroom
Bewerken met water en ammonia, of het daarmee uitwassen.

Soep
Biologisch inweekmiddel.

Stickers
Stickerresten verwijder je met terpentine.

Thee
De vlek insmeren met ossengal.

Tomaat
De plek inwrijven met ossengal.

Transpiratie
De plek nat maken, ossengal erop, goed laten schuimen en in de wasmachine!

Viltstift
Gebruik spiritus of glycerine met een paar druppels ammonia.

Vogelpoep
Bewerken met koude thee. Het zuur dat in de koude thee zit, lost de vogelpoep op.

Vruchtensap
Direct met lauwwarm water uitwassen. Donkere, oude vlekken behandel je met citroenzuur.

Wijn (rood)
Rode wijnvlekken indeppen met melk en een nacht laten intrekken, uitwassen en de vlek is weg.

IJs
Met water of biologisch inweekmiddel bewerken.

Zonnebrandolie
Deppen met of weken in biologisch inweekmiddel.

Extra tip: Heb je een vlek in je stropdas? Geen nood, rol de stropdas op leg het geheel in een bak met pure wasbenzine. Zorg ervoor dat de hele stropdas ondergedompeld is. Laat hem een tijdje weken, dan eruit halen, even laten drogen en uitwapperen. Niet in de wasmachine en nooit strijken! Een stropdas is namelijk nooit plat!

En... hoe schoon is jouw huis?

Wat een heerlijk gevoel! Je huis van top tot teen schoon. Een plek waar het lekker ruikt, de ramen en spiegels glimmen en waar iedereen graag is. Maar pas op, ga nu niet lekker onderuitgezakt zitten en denken dat het vanzelf schoon blijft, want jammer genoeg is dat niet zo.

De strijd tegen vuil is nu eenmaal nooit voorbij. Maar het is wel een stuk makkelijker als je het elke dag bijhoudt. Dus houd het schoon, je voelt je gewoon een stuk lekkerder in een opgeruimd en fris huis.

Enne... de volgende keer als iemand je vraagt 'Hoe schoon is jouw huis?', dan zeg je gewoon:

'Marja en Liny zouden trots op me zijn!'

Mijn eigen tips

Heb je een interessante schoonmaaktip of een prangende poets-vraag? Op de site www.hoeschoonisjouwhuis.nl kun je je tip aan anderen laten weten of je vraag aan Marja en Liny stellen.

Marja: 'En mam, wat gaan we nu doen?'
Liny: 'Ik neem lekker een kopje thee met een chocoladetaartje.'
Marja: 'En ik neem een heerlijk glas wijn met kroketjes!'

Marja: 'En mam, wat heb je voor vanavond klaargemaakt?'
Liny: 'Draadjesvlees met rodekool en appeltjes en aardappelpuree. Je lievelingseten!'
Marja: 'Oh, lekker! Mag ik dan ook prakken?'

Liny's draadjesvlees (recept voor 5 personen)

1 kg doorregen runderlappen
1 ui
3 à 4 teentjes knoflook
5 laurierblaadjes
3 à 4 kruidnagels
1 borrelglaasje balsamico-azijn
1 glas rode wijn
3 dessertlepels tarwebloem
afgestreken theelepeltje sambal
bakboter
peper
zout

Zout en peper op het vlees doen en een kwartiertje in laten trekken.
Boter goed heet laten worden, tot het schuim weggetrokken is.
Vlees in de pan doen en aan beide kanten vlug dicht laten schroeien.
Blijf het vlees heen en weer bewegen tijdens het braden.
Vlees uit de pan halen.
Uien erin met de laurier en de kruidnagel. Als de uien kleur krijgen de bloem, azijn en rode wijn erbij doen en goed roeren.
Dan het vlees er weer bij.
Doe de knoflooktenen er gepeld maar ongesneden bij.
Doe dan de deksel op de pan (dicht!) en laat alles op een heel laag pitje anderhalf uur sudderen.
Op het laatst de sambal erbij.
En nog een laatste tip: Als het vlees niet helemaal gaar is, doe er dan een klein scheutje cola bij.

Jammie jammie, smikkelen maar!

Register

Aanrecht 46, 133, 162
Afwas 111, 133, 134, 142
Afwasmachine 134, 141, 142
Afzuigkap 134
Allergie 9, 75
Aluminiumfolie 102, 130, 147, 164
Antistatisch 130
As 116, 126, 127
Asbak 36, 127
Autowax 91
Bacteriën 25, 52, 73, 74, 92, 100
Bad 54, 86, 90, 91, 94
Badkamer 11, 52, 54, 80, 82, 84, 86, 87, 160
Balpen 130, 166
Bamboe 117
Bank 110, 116, 118, 127
Bekleding 116, 118, 127
Bessenjenever 166
Bestek 142
Bier 116, 142, 162, 166
Bleken 60, 97
Bloed 166
Bloemen 74, 124
Borden 142
Centrifugeren 100, 102
Chemisch reinigen 63, 96
Chocolade 166
Chroom 87
Cola 166
Computerscherm 130
Dekbed 46, 62
Deken 46, 62, 75
Deodorant 166
Douche 46, 54, 82, 85, 87, 90
Drop 166
Duplo 78
Ei 166
Eikenhout 118
Elektrische apparatuur 64
Elektrische kookplaat 134
Email 93
Fluweel 120
Frituurpan 141
Fruit 146, 166
Fruitvlieg 162
Gasfornuis 134, 160, 162, 174
Geurballen 78, 87
Geurtjes 75, 126, 133, 138, 141, 152
Gezichtscrème 167
Glazen 36, 111, 142
Gootsteen 46, 134
Gordijn 57, 63, 72, 124, 127
Graniet 134
Gras 167
Grauwsluier 101
Groente 146, 167
Haarborstel 91
Haarlak 130, 167
Hal 12, 66, 153, 155
Handdoek 46, 52, 87, 91, 100
Handwas 96, 102
Haren 25, 82, 122
Hond 122, 130
Hout 116-118, 122, 123, 141
Huidinfecties 87, 163
Huismijt 46, 72, 75
Hygrometer 127
IJs 123, 167, 168, 170
Jam 167
Jus 167
Juwelen 164
Kaarsvet 123, 127, 167
Kalkaanslag 82, 85, 118, 123, 134, 141, 150, 151
Kam 91
Karnemelk 82, 86, 114
Kat 96, 124, 126, 130, 163
Kauwgom 123, 167
Ketchup 130, 167
Kleding 61, 62, 78, 96-98, 100-102, 124
Knuffels 75, 78
Koelkast 91, 138, 160
Koffie 167
Koffiezetapparaat 54, 141
Koper 130, 155, 162
Kraan 82, 91

Kruimeldief 124
Kunststof 90
Kussen 36, 57, 62, 72, 75, 78, 110
Laminaat 122
Laurierblad 78, 126, 174
Lavendel 72
Leer 118
Lego 78
Lijm 168
Lingerie 101
Linnen 60, 100
Linoleum 122
Lippenstift 168
Luchtverfrisser 126, 127
Lycra 101
Magnetron 54, 138
Make-up 82, 157, 168
Marmer 123
Matras 57, 72, 74, 75
Mayonaise 168
Melk 124, 146, 170
Messing 130
Meubels 62, 63, 110, 116-118, 127
Mieren 162
Mosterd 168
Motten 78
Mottenballen 152
Muizen 163
Nagellak 87, 168
Natuursteen 123
Nicotine 168
Olie 168
Ongedierte 25, 162
Open haard 126
Ossengal 100, 118, 166-169
Oven 138
Pannen 142
Parels 164
Parfum 169
Parket 122, 123
Pindakaas 146
Plafond 62, 72, 107, 110
Plakbandresten 79
Planten 74, 110, 124, 163
Potloodtekening 130
Radiator 110
Ramen 111, 114, 126, 171
Riet 117
Roest 87
Roestvrijstaal 160
Rooklucht 126
Rotan 117
Schimmel 82, 94, 146
Schoensmeer 169
Slagroom 169
Slakken 162
Slaolie 116, 117, 134, 147, 160
Soep 169
Spiegel 54, 61, 85, 86, 88, 111, 157, 171
Spinnenweb 57, 163
Statisch 101
Stickerresten 169
Stomen 96, 98
Strijken 97, 100, 102, 123, 170
Strijkijzer 94, 103, 123, 167
Strijkplank 103
Stropdas 170
Synthetische stoffen 101
Tandenborstel 54, 92, 95, 105, 130, 160
Tandpasta 90, 103, 130, 147
Tapijt 110, 122, 123
Tegels 54, 82
Telefoon 155
Televisie 68, 116, 130
Toetsenbord 130
Toilet 12, 46, 54, 85, 149-152
Tomaat 146, 169
Transpiratie 74, 169
Trap 12, 36, 52, 105, 107
Trommeldroger 98
Ventilatie 68, 72, 74, 85
Viltstift 130, 169
Vitrage 101, 124
Vliegen 114, 162
Vloer 46, 52, 54, 62, 63, 72, 85, 107, 111, 122, 123
Vlooien 163
Vogelpoep 169
Vriezer 54, 75, 138
Vruchtensap 169
Was(machine) 63, 78, 85, 94, 95, 100-102, 124, 150, 166, 169, 170
Wasmand 100, 160
Wastafel 86, 91, 92
Waterkring 117
Weer (het weer erin) 85, 87
Wijn 170, 174
Wolwas 96, 102
Zeem 114, 118
Zeil 122
Zilver 90, 134, 142, 164
Zonnebrandolie 170